Sicher ist sicher. Bei aller Sorgfalt, die wir in der Recherche haben walten lassen, können sich Öffnungszeiten auch einmal kurzfristig ändern, oder ein Lokal ist gerade an Ihrem perfekten Florenz Wochenende ausgebucht oder geschlossen. Darum empfehlen wir grundsätzlich möglichst weit im Voraus zu reservieren. Ein kurzer Anruf genügt und Sie können sicher sein zur vereinbarten Zeit einen Platz zu finden.

© Süddeutsche Zeitung GmbH, München
für die Süddeutsche Zeitung Edition 2007
in Kooperation mit smart-travelling GbR, Berlin
Reihe „Ein perfektes Wochenende in ..."

Idee und Konzept: Nicola Bramigk, Nancy Bachmann
Texte: Nicola Bramigk   Fotos: Katharina Gossow

Umschlaggestaltung: Verena Bettin, e27, Eberhard Wolf
Art Direktion: Verena Bettin, e27, Judith Homoki
Illustration: Verena Bettin   Stadtkarte: Merle Schröder
Produktion: e27, Andrea Gehrke   Redaktion: Nicola Bramigk, Nancy Bachmann

Herstellung: H. Weixler, T. Neseker
Druck: Himmer AG, Augsburg

Printed in Germany
1. Auflage 2007

ISBN: 978-3-86615-421-6

SMART TRAVELLING

EIN PERFEKTES WOCHENENDE IN ... FLORENZ

www.smart-travelling.net

LIEBLINGSADRESSEN IN FLORENZ

Hotel: Hotel Torre di Bellosguardo
Via Roti Michelozzi, 2
Tel: 0039 055 229 81 45
Seite 8

Bed&Breakfast: Le Stanza di Santa Croce
Via delle Pinzochere, 6
Tel: 0039 347 259 3010
Seite 18

Restaurant:Cibrèo
Via de' Macci, 122r, Trattoria
Tel: 0039 055 2341100
Seite 24

Restaurant: Coco Lezzone dal 1800
Via del Parioncino, 26r
Tel: 0039 055 287178
Seite 36

Restaurant: Gozzi Sergio
Piazza San Lorenzo/Via di Canto de Nelli
Tel: 0039 055 281941
Seite 46

Restaurant: Bonanni
Via Turbone 9, Turbone – Montelupo
Tel: 0039 0571 913477
Seite 58

☞ Weitere Adressen finden Sie unter www.smart-travelling.net

Restaurant: Procacci
Via Tornabuoni, 64r
Tel: 0039 055 211656
Seite 68

Bar: Pitti Gola e Cantina
Piazza Pitti 16, Firenze
Tel: 0039 055 212704
Seite 74

Shop: Officina Profumo
Via della Scala, 16
Tel: 0039 055 216276
Seite 80

Gut zu wissen
Tipps, Ausflüge, Spaziergänge
Seite 89

LANDSCHAFT & KUNST: DER TOSKANATRAUM

Sanft geschwungene Hügel, ein klares Licht, silbrig glänzende Olivenbäume und ein paar hoch aufschießende Zypressen – die typische Landschaft der Toskana. Ein verschmitzt aussehender Bauer in seinem dreirädrigen Ape-Transporter, eine Großfamilie sonntags um einen großen Tisch der Trattoria versammelt, auf ihren Tellern eine der besten Küchen der Welt. Renaissance pur, Kunstwerke im Überfluss. Auf diesen Spuren wandeln heute Tag für Tag viele Tausend Besucher in Florenz und finden sich schnell in einer ganz neuen Realität wieder. Die Stadt hat ihre Grenzen erreicht, sie platzt aus allen Nähten. Die Gehsteige sind zu schmal, abwechselnd weicht man Autos oder anderen Touristen aus. Die Schlangen vor den Uffizien sind endlos, kleine Handwerksbetriebe werden von Internetstores abgelöst und die Verkäufer in den Geschäften sind wahrscheinlich die unfreundlichsten in der Welt. Doch es gibt auch noch das Florenz unserer Träume. Man muss nur wissen wo. Konzentrieren Sie sich auf das, was Florenz ausmacht: die Kunst und die Landschaft. Schlendern Sie über die Märkte oder planen Sie zur Abwechslung einen Ausflug mit dem Auto auf's Land. Leihen Sie sich ein Rad aus, um beweglicher in der Stadt zu sein, nutzen Sie die frühen Morgenstunden oder setzen Sie sich spontan in den Zug und fahren nach Arezzo, Lucca oder Pistoia. Da ist es weniger voll und nicht so touristisch.

HOTEL TORRE DI BELLOSGUARDO

Wohnen bei einem Baron, dessen Wunsch es ist, dass sich seine Gäste bei ihm wie zu Hause fühlen. Herrlich. Da nichts steif oder aufgesetzt wirkt, geht sein Vorsatz auch in Erfüllung. Dabei erinnern die Dimensionen der Räume und das Ambiente sicher die wenigsten an das eigene Zuhause. „Der wahre Luxus ist die Ruhe", betont Amerigo Franchetti, „nicht nur die einzigartige Sicht auf die Stadt." Dennoch ist Florenz ganz nah, zu Fuß sind es nur wenige Minuten ins Zentrum. „Die Villa habe ich selbst eingerichtet", sagt er, „auf dem Dachboden gab es noch einige originale Möbel, den Rest habe ich nach und nach dazugekauft." Freunde machten immer wieder Vorschläge alles neu zu gestalten, doch davon hält der Baron nicht viel. Der Charme seines Hotels liegt nicht in dem wenig aufeinander abgestimmten Interieur, sondern in den einmaligen architektonischen Oasen. Zu ihnen gehört der großzügig angelegte Garten mit seinen versteckten Winkeln, der herrlichen Frühstücksterrasse und dem Pool mit Blick auf die Stadt. Der *limonaio*, ein Wintergarten mit Zitrusfrüchten, ist von einer so atemberaubenden Schönheit, dass man nie wieder dort weg möchte. Auf der Liege am Pool, dösend, berauscht von der einmaligen Sicht, vielleicht auch von dem Wein, huscht ein Gedanke durch den Kopf: Grandios, dass es in Florenz einen so herrlichen Ort gibt, an dem ein Reisender sich wie ein Baron fühlen kann.

Hotel Torre di Bellosguardo Adresse: Via Roti Michelozzi 2, Firenze
Tel: 0039 055 2298145 Email: info@torrebellosguardo.com
Internet: www.torrebellosguardo.com
Zimmer: 16 DZ 280 Euro, Frühstück 20 Euro, Parkgarage vorhanden

Hotel Restaurant Café Bar Shop // Interview Wissenswertes Rezept

☞ Was war vorher?

Im 13. Jahrhundert baute sich Guido Cavalcanti, ein Poet, die Villa als Jagdrefugium aus. Künstler gingen bei ihm ein und aus, unter ihnen auch Dante, sein bester Freund. Später diente das Gebäude als Internat für reiche Mädchen und zeitweilig als Amerikanische Schule. Hoffnungslos heruntergewirtschaftet hat es Barone Amerigo Franchetti 1988 übernommen, um in Form eines Hotels eine Begegnungsstätte für Künstler und Kunstliebhaber zu schaffen.

Hotel   Restaurant   Café   Bar   Shop   //   Interview   Wissenswertes   Rezept

LE STANZA
DI SANTA CROCE

In Florenz tummeln sich viele Bed & Breakfast-Häuser, aber keines ist wie das von Mariangela Catalani. 2002 schuf sie ein Refugium, wie sie es sich selbst immer auf ihren Reisen gewünscht hatte. Persönlicher, mit einem köstlichen Frühstück aus selbst gemachter Marmelade, frisch gebackenem Brot und ihrem Lieblingskaffee aus Neapel. Teetrinker, in Italien oft vernachlässigt, bekommen losen Tee aus dem feinsten Laden der Stadt, und wer Essen gehen möchte, wird mit den besten Empfehlungen ausgestattet. Service pur. Das Le Stanza di Santa Croce hat vier Zimmer. Das geschmackvollste liegt direkt unter dem Dach und man blickt vom Bett durch eine der beiden Dachluken direkt in den Himmel. Das Bad befindet sich außerhalb, verfügt dafür über eine wohltuende Hydromassage-Badewanne. Die übrigen Zimmer sind klassischer eingerichtet und haben eigene Bäder. Das Haus ist ruhig gelegen, obwohl es nur ein paar Meter zur Kirche Santa Croce sind. Das nach ihr benannte Viertel Santa Croce mit dem nahe gelegen Markt Sant'Ambrogio und dem täglichen Ciompi-Antikmarkt ist besonders liebenswert, weil der Mix aus Einheimischen und Touristen gut verträglich ist und noch nicht alle Handwerksbetriebe durch Souvenir-Shops ersetzt worden sind.

La Stanza Adresse: Via delle Pinzochere 6, Firenze
Tel: 0039 347 259 3010 Email: lestanze@viapinzochere6.it
Internet: www.viapinzochere6.it Zimmer: 4 DZ 160 Euro

☞ Kochkurse mit Mariangela Catalani

Wer möchte nicht gerne von einer Italienerin in die Finessen seines toskanischen Lieblingsgerichts eingeweiht werden? Mariangela Catalani kümmert sich nicht nur um das b&b, sondern bietet auch Kochkurse in englischer Sprache ab zwei Teilnehmern an. Eigene Wünsche sind durchaus willkommen. Ein Kochkurs beginnt mit dem Einkauf auf dem Markt Sant Ambrogio, wo Mariangela gerne über die Qualität von Artischocken oder die Unterschiede von Mozzarella referiert. Anschließend wird gemeinsam gekocht und zu Mittag gegessen. Schon bei der Zimmerreservierung mit anmelden!

Hotel Restaurant Café Bar Shop // Interview Wissenswertes Rezept

CIBRÈO

Wer vom Markt Sant'Ambrogio zur Via Macci möchte, durchquert die Welt von Fabio Picci. Vielleicht eilt gerade in diesem Moment ein Koch mit einem Topf dampfender *ribollita* (Gemüsesuppe) über die Straße oder Fabio selbst springt im klassischen Kochoutfit von einem seiner kulinarischen Stützpunkte zum nächsten. Ein Café, ein Restaurant und eine Trattoria tragen den Namen Cibrèo. Fabios Leidenschaft für seine traditionelle toskanische Küche kennt keine Grenzen. Jeder Bissen soll eine neue kulinarische Erfahrung sein. Alte Rezepte, die von Müttern und Großmüttern über Jahrhunderte entwickelt wurden und heute, in Form eines *sformato di ricotta* (Ricottasoufflé), mit traditionellen Fleischgerichten auf der Karte stehen.

Mit dem Teatro del Sale haben Fabio und seine Frau, die Schauspielerin Maria Cassi, sich den Wunsch erfüllt, Theater, Musik und Komik mit der Kunst des Kochens zu einem Rausch der Sinne zusammenzufügen. Schon die Räume sind mit so viel Gefühl und Liebe für's Detail gestaltet, dass selbst designverwöhnte Menschen sich kaum dem Gefühl von „Alice im Wunderland" erwehren können. Die Küche ist von außen einsehbar und während der Mahlzeiten schaut Fabio spontan aus dem Fenster der verglasten Wand und ruft, nein, brüllt mit breitem toskanischem Akzent in den Raum: „*Rosticciana* – kommt, genießt es, ich kann doch nichts wegschmeißen". Ein paar Minuten später: „*Polpettina* – ihr werdet keine Ruhe im Leben finden, wenn ihr nichts davon gekostet habt." Wenn alle satt und glücklich sind, beginnt die Vorführung.

Cibrèo Adresse: Via de' Macci, 122r Trattoria Tel: 0039 055 234 11 00
Email: cibreo.fi@tin.it Internet: www.cibreo.com
Öffnungszeiten: Dienstag – Samstag 13.00 – 14.30 Uhr und 9.00 – 23.00 Uhr

Hotel Restaurant Café Bar Shop // Interview Wissenswertes Rezept

Ein Gespräch mit Fabio Picci
Besitzer vom Cibrèo

Woher kommt Ihre Leidenschaft für das Essen?
Mein Vater hat schon immer sein ganzen Geld für Essen ausgegeben. Wenn er nicht Mengen von gutem Fleisch im Haus hatte, konnte er nicht ruhig schlafen. Er führte uns auch leidenschaftlich gerne zum Essen aus. Zweimal die Woche ging es los, wir Kinder mussten ins Auto springen. An den Kreuzungen ließ er uns dann raten. Bis zum letzten Moment wussten wir nicht, wo es hingeht.

Und wer hat zu Hause gekocht?
Meine Mutter. Die intensivsten Erinnerungen an die Küche unserer Kindheit sind doch mit den Müttern verbunden. Frauen haben mehr Gefühl, sich in die Alchemie der Küche hineinzudenken. Gerichte für kleine Kinder wie *pappa di pomodoro* oder eine cremige *ribollita*, das sind Erfindungen von Frauen.

Welches ist Ihr Lieblingsgericht aus dieser Zeit?
Melanzane, Auberginenauflauf, und *baccalà*, Stockfisch. Auch das sind wieder Rezepte, die wir Frauen zu verdanken haben.

Was bedeutet Ihnen Ihre Arbeit?
Essen ist für mich Kreativität. Wie eine Form der Kunst, die viel zu wenige an sich ranlassen. Viele Menschen haben mehr Angst, dass ihnen Essen schaden könnte. Dabei sollten sie sich darauf konzentrieren, wie Essen einem gut tun kann. Nur wenige können noch gute Produkte erkennen. Man muss eine kulinarische Intelligenz entwickeln, um die guten Dinge schmecken und sie voneinander unterscheiden zu können.

Wie sieht Ihr Tag aus?
Ich bin um 6 Uhr auf dem Markt Sant' Ambrogio. Am liebsten bin ich dort ganz für mich alleine. Danach treffe ich mich mit allen Köchen und meinen Assistentinnen. Zum Lunch pendele ich zwischen dem Restaurant und dem Teatro

del Sale hin und her. Anschließend fahre ich für zwei Stunden nach Hause und ruhe mich aus, denn es geht danach bis Mitternacht weiter. Nach der Vorstellung gibt es noch ein gemeinsames Abendessen mit den Künstlern, das ist ein Teil ihres Lohnes.

Ein langer Tag. Wie hält man das so viele Jahre durch?
Ich fühle mich hier einfach zu Hause und mache die Dinge, die mir Spaß machen. Die Rhythmen in der Küche sind sehr eng, einer ist vom anderen abhängig. Wenn es da kein Zusammenspiel gibt, funktioniert es nicht, und keiner könnte einen so langen Arbeitstag über viele Jahre durchhalten.

☞ Vier Konzepte

Vier Konzepte, und alle keinen Steinwurf voneinander entfernt: das Caffè Cibrèo, das Restaurant Cibrèo, die Trattoria Cibrèo, die es schon seit 1979 gibt, und das Teatro del Sale, sein jüngstes Projekt. Das mag nach „Sichverzetteln" klingen, doch davon kann nicht die Rede sein. Sorgsam ausgewählte Mitarbeiter sorgen dafür, dass keine Lücken beim Service entstehen. Allesamt sind es sympathische Persönlichkeiten, die ihre Gäste ebenso professionell betreuen wie Fabio Picci selbst.

Das Restaurant Cibrèo

Im Restaurant geht es vergleichsweise ruhig zu. Die Tische stehen nicht so dicht und man kann sich stundenlang in Gespräche vertiefen ohne abgelenkt zu werden. Nur am Anfang wird jedem Gast die Karte persönlich vorgetragen und alle Gerichte werden genau erklärt – gerne auch auf Englisch. Eine perfekte Wahl für ein romantisches Dinner zu zweit. Das Ambiente ist klassisch elegant ohne steif zu sein.

Trattoria Cibrèo

Die Karte der Trattoria unterscheidet sich nur unwesentlich vom Restaurant. Das Ambiente ist legerer und die Preise sind günstiger. *Pasta* und *bistecca* werden Sie auf der Karte nicht finden. Eine bewusste Entscheidung von Fabio Picci, weil er den Gästen zu neuen kulinarischen Erlebnissen verhelfen möchte. Wie würde man sonst die vielen toskanischen Suppen kennenlernen? Die Karte wechselt nur wenig. Mal zusätzlich ein Fisch oder das Gemüse passend zur Saison. Das hat den Vorteil, dass man sich seines Lieblingsgerichts immer sicher ist.

Caffè Cibrèo

In Caffè Cibreò könnte man seine Vormittage verbringen, zwischendurch mal auf einen Kaffee reinschauen, ja eigentlich den ganzen Tag verleben. Jedem wird noch ein freundlicher Satz mit auf den Weg gegeben, wobei man

mit Fremden keine Ausnahme macht. Vor dem Café befindet sich eine kleine Terrasse, auf die schon morgens die Sonne scheint. Eine Spezialität sind die *occhi di bue* (Ochsenaugen), ein buttriger Mürbeteigkeks mit Marmelade, der einen jeden Tag frisch vom Backblech anlacht. Widerstand zwecklos!

☞ Gebrauchsanweisung für das Teatro del Sale

Das Teatro del Sale ist ein Club mit Tausenden von Mitgliedern in der ganzen Welt. Wer Mitglied werden möchte, muss einen Betrag von 5 Euro entrichten und die Satzung des Clubs lesen. Fünf Minuten später erhält das frisch gebackene Mitglied eine schöne rote Clubkarte. Jetzt darf man eintreten. Das Teatro del Sale bietet für 5 Euro ein Frühstücksbuffet und für 15 Euro ein Mittagsbuffet an. Für die Veranstaltungen am Abend werden die Mitglieder per E-mail benachrichtigt. Das ist für Reisende schwer zu händeln.
Die Empfehlung: Werden Sie am ersten Tag Mitglied und verbinden es mit einem Frühstück oder Mittagessen. Dann können Sie nach dem Abendprogramm fragen und entsprechende Plätze reservieren, sofern es eine Vorstellung ohne größere sprachliche Hürden gibt. Notfalls können Sie sich auch auf das Essen beschränken, das sehr üppig ausfällt, und danach wieder gehen.
Ein Abendprogramm mit Essen kostet 25 Euro. Das Geschirr muss man vor Beginn der Aufführung selbst zur Küchenluke bringen, damit die Tische dann schnell weggerückt werden können. Abends findet sich ein interessantes Publikum ein, das einen Einblick in die Florentiner Kulturszene ermöglicht. Das Interieur wurde von Fabio und Maria aus der ganzen Welt zusammengetragen. Die Säulen sind aus einem holländischen Bahnhof, für die Decke wurden Fensterläden aus einem Kloster verwendet und die Lampen kommen aus Paris. Im vorderen Teil gibt es die Möglichkeit Lebensmittel aus eigener Produktion zu kaufen. Grundsätzlich ist die Küche im Teatro del Sale ländlicher, eine Küche der toskanischen Großmütter. Es gibt viel gegrilltes Fleisch, auch mal *pasta*, ein köstliches Fladenbrot sowie viel Gemüse und Salat.

Hotel   Restaurant   Café   Bar   Shop   //   Interview   Wissenswertes   Rezept

COCO LEZZONE
DAL 1800

Bei Coco Lezzone ändert sich nichts. Nicht in den letzten 30 Jahren und wohl auch nicht, solange Gianluca Paoli und seine Familie eine der ältesten Trattorien der Stadt nach toskanischer Tradition weiterführen. La Mamma steht seit 36 Jahren zum Empfang hinter dem kleinen Tresen, schenkt Wein und Wasser aus oder richtet die Desserts an. Dabei entgeht ihrem Blick nichts. Die beiden Tische gegenüber dem Tresen sind die schönsten, denn dort sitzt man mitten im Geschehen und kann beim Essen die Aktivitäten in der Küche sowie das Kommen und Gehen der Gäste beobachten. Unter denen befinden sich glücklicherweise auch noch Einheimische. Gianluca fängt ab 6 Uhr morgens mit dem Kochen an. Zwei Stunden später köcheln schon auf kleinstem Raum in mehr als sechs Töpfen Bohnen, Kartoffeln, der Schweinerücken und die Fleischsaucen für die Pasta. So muss mittags und abends keiner lange warten. Sofort sind die *ribollita*, die *pappa al pomodoro* und *arista* (Schweinebraten) mit *cannelli* (Bohnen) auf dem Tisch. Auf die Frage, warum es gerade Donnerstag *trippa* (Kutteln) gibt, antwortet Gianluca: „Mein Vater hat immer gesagt, am Donnerstag gibt es *trippa* und am Freitag *baccalà*." So ist das! Vergessen Sie bloß nicht das *bistecca fiorentina* zu probieren, denn bei Familie Paoli hat der Grill eine uralte, ausgeklügelte Technik. Dabei zieht der Rauch an der Seite ab und verqualmt nicht das Fleisch. Es schmeckt alles köstlich, nein *favoloso* (fabelhaft). Wenn Sie also Gianluca fragt: *„Era buona?"*, dann erfreuen Sie ihn mit der Antwort: *„Non buona, era favoloooosa!"* Das gehört einfach dazu.

Coco Lezzone dal 1800 Adresse: Via del Parioncino 26r, Firenze
Tel: 0039 055 287178 Öffnungszeiten: Montag – Samstag 12.00 – 14.30 Uhr,
19.00 – 22.30 Uhr. Dienstag abends geschlossen

Ein Gespräch mit Gianluca Paoli
Besitzer und Koch vom Coco Lezzone

Wo haben Sie kochen gelernt?
Bei meinem Vater. In unserer Familie ist das Kochen immer Männersache gewesen. Weder meine Mutter noch meine Frau haben je Interesse gezeigt.

Wie verbringen Sie die wenigen freien Stunden?
In der Woche bin ich mit meinen Kindern zusammen und helfe nachmittags bei den Schulaufgaben. Auch am Sonntag bin ich am liebsten im Kreise meiner Familie zu Hause und koche für sie.

Gar keine Ausflüge auf's Land?
Selten, manchmal gehen wir im Delfina bei meinem Freund Carlo Cioni in Artimino essen.

Stören Sie die vielen Touristen in der Stadt?
Touristen gehörten schon immer zu Florenz. Die meisten Gäste aus dem Ausland sind sehr offen für die toskanische Küche. Viele kommen für ein spezielles Gericht immer wieder, sobald sie wieder einmal in Florenz sind. Das hat mit Massentourismus nicht viel zu tun.

Wo bleibt eigentlich das übrig gebliebene Essen am Abend?
Das wird leider oft weggeworfen. Es gibt einen Ort, wo man es abliefern kann, doch ohne Auto ist das zeitlich nicht zu schaffen. Schade, ein Abholservice für die Armen wäre gut. Diese Dinge sind in Florenz einfach schlecht organisiert.

Was ist Ihr Lieblingsgericht aus Ihrer Kindheit?
Pappa al pomodoro (eine Tomatensuppe mit Brot und Olivenöl).

Arista di maiale con patate alla contadina
(Schweinerücken im Ofen mit Kartoffeln nach Art der Bäuerin)

Die Kartoffeln schälen und halbieren. Das Olivenöl den Boden bedeckend in einen hohen Topf geben. Die Knoblauchzehe mit der Schale zerquetschen und mit dem *mezzolino* kurz im Öl anbraten. Die Tomaten, einen Liter Fleischbrühe, 1 Teelöffel Salz und die Kartoffeln in den Topf geben und warten, bis die Kartoffeln gar gekocht sind.

Die härtesten Knochen vom Schweinerücken abschneiden, damit man später die Scheiben gut zwischen den Knochen schneiden kann. Mit dem Stil eines Kochlöffels ein Loch in der Mitte des Fleisches ganz durchbohren. Jetzt eine Mischung aus gehacktem Salbei, Rosmarin und gequetschtem Knoblauch, Salz und Pfeffer in das Loch einfüllen. Das Fleisch außen mit Salz und Pfeffer einreiben und den Ofen auf 300 C° vorheizen. In dieser Zeit den Schweinerücken in einer Kasserolle unter starker Hitze rundherum anbraten und ihn dann für 20 Minuten in den 300 C° heißen Ofen schieben. Danach die Hitze auf 180 C° runterdrehen und ihn weitere 40 Minuten braten. Anschließend den Ofen auf 90 C° runterschalten, um den Braten für 3 Stunden ziehen zu lassen.

Für die Kartoffeln:
1 kg Kartoffeln, festkochend
1 l Fleischbrühe
2 geschälte Tomaten
mezzolino (1 Zweig Rosmarin und Salbeiblätter verschnürt)
1 dicke Knoblauchzehe
Salz, Pfeffer, Olivenöl

Für den Schweinerücken:
5 Knoblauchzehen
3 Teelöffel Rosmarin gehackt
4 Teelöffel Salbei gehackt
Salz, gemahlenen Pfeffer
12 Rippen Schweinerücken

Gozzi Sergio
Trattoria Toscana dal 191...
Sabato 18 NOVEMBRE 2006

Primi Piatti:

- PASSATO di FAGIOLI e CAVOLO NERO €3,80
- MINESTRONE di PASTA €3,80
- CANNELLONI al FORNO €6,50
- RAVIOLI di RICOTTA e SPINACI AL SUGO €4,80
- RISO CALAMARI, TOTANI e COZZE €5,80
- PASTA AL SUGO o POMODORO €3,80

Secondi:

- AGNELLO AL FORNO CON PATATE €12,50
- BACCALÀ ALLA LIVORNESE €10,50
- FRITTURA di GAMBERI e TOTANI €12,50
- BRACIOLE RIFATTE €10,50
- POLPETTE FRITTE €9,00
- ARISTA di MAIALE AL FORNO €8,50
- ROAST-BEEF €9,50
- BOLLITO MISTO (CIMALINO e LINGUA LESSI) €9,00
- TAGLIATA di MANZO x1 €12,50
- BISTECCA ALLA FIORENTINA €38,00 IL Kg

Contorni:

CECI ALL'OLIO - BIETOLA SALTATA - FAGIOLI ALL'OLIO - PATATE FRITTE
INSALATA MISTA €2,50 cad.

CANTUCCINI CON VIN SANTO €3,50

GOZZI SERGIO

Bei Sergio gibt es das ehrlichste Essen mit der besten Stimmung. Alle Gäste diskutieren wild, als würde man sich schon seit Jahren kennen. Das ist auch so, denn Sergio ist die Gemeinschaftsküche des Viertels. Da jeder freie Platz genutzt wird, werden Fremde schnell integriert. Alleinreisende finden sich oft am Stammtisch wieder, und nicht selten verlässt man Sergio mit neuen Freunden. Für dieses florentinische *networking* sind Alessandro und Andrea verantwortlich, die dritte Generation der Familie Gozzi. Die beiden sind in der Küche groß geworden und kennen jeden Stein im Viertel San Lorenzo. Alessandro kümmert sich um das Essen. Jeden Tag schreibt er seine Karte neu, je nachdem was der Markt anbietet oder seine Händler Besonderes zu bieten haben. Gerichte wie *bracciola rifatta* (Schnitzel in Tomatensauce), *coniglio* (Kaninchen), Roastbeef, *spaghetti alle vongole* und *passato di fagioli con cavolo nero* (Bohnensuppe mit Schwarzkohl) kann keiner in der Stadt besser machen. Schon gar nicht zu so fairen Preisen. Andrea, der jüngere der Brüder, und La Mama sind *al banco*, also hinter der Bar. Von dort bauen sie geschickt die Traube Wartender an der unauffälligen Tür ab. Was in der Regel schnell geht. Am längsten wartet man gegen ein Uhr mittags, also besser um zwei oder halb drei kommen.

Gozzi Sergio Adresse: Piazza San Lorenzo/Via di Canto de Nelli
Tel: 0039 055 281941 Öffnungszeiten: Montag – Samstag 12.00 – 15.00 Uhr
(nur Mittagessen)

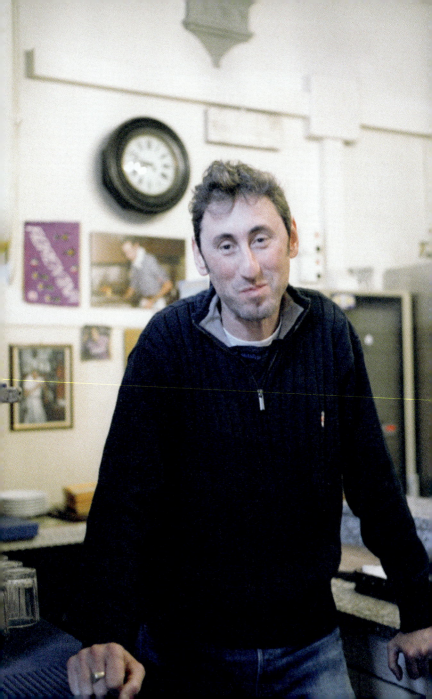

Ein Gespräch mit Alessandro Gozzi
Koch und Besitzer von Sergio

Weshalb haben Sie nur zum Mittag auf?
Traditionell waren einige Lokale für die Arbeiter vom Markt eine Art zweite Küche. Wenn der Markt um 14.00 Uhr schloss, wollten sie anschließend noch Essen haben. Mein Freund vom Mario direkt um die Ecke und wir sind die einzigen Lokale dieser Art, die noch übrig geblieben sind. Heute kommen nicht nur die Marktarbeiter.

Wie kam es dazu?
Immer weniger Leute möchten sich die Arbeit machen, die die traditionelle Küche verlangt, also Kartoffeln schälen, das Gemüse sorgfältig putzen und das Wildschwein fein schneiden für die Saucen.

Aber wie können Ihre Preise so günstig sein?
Die Leute im Viertel können nicht mehr bezahlen, wenn sie regelmäßig kommen. Dazu hat sich Florenz in den letzten Jahren sehr verändert. Es gibt immer weniger Handwerker unter den Gästen. Doch so lange noch jeder Platz besetzt ist, müssen wir uns keine Sorgen machen.

Haben Sie mal andere Pläne gehabt?
Nein, ich mache meine Arbeit gerne und habe nie gedacht, was anderes zu tun.

Was machen Sie nach der Arbeit?
Da kommen meine Freunde zum Kartenspielen. Jeden Tag ab 17.00 Uhr für eine Stunde. Viele von ihnen kenne ich seit der Schule. Sie leben alle im Viertel.

Bracciola Rifatta
(Schnitzel in Tomatensauce)

Reichlich Olivenöl erhitzen (den Topfboden bedeckend) und den Knoblauch mit der Chilischote im Ganzen dazugeben. Den Knoblauch glasig werden lassen, mit Weißwein ablöschen und etwas verkochen lassen. Anschließend die Tomaten und die Petersilie hinzufügen, salzen und jetzt länger auf niedriger Temperatur köcheln lassen. Das Sonnenblumenöl 2–3 cm hoch in eine neue Pfanne geben. Die Scheiben Fleisch in einem verquirlten Ei und anschließend in den Semmelbröseln wenden. Leicht salzen (kommt auf den Salzgehalt der Semmelbrösel an, bei deutschen Weißbrotbröseln eher wenig). Kein Mehl wie beim Schnitzel! Das Öl erhitzen und die panierten Fleischstücke wie Schnitzel goldbraun frittieren. Anschließend rausnehmen und auf Küchenpapier abtropfen lassen. Die Tomatensauce in eine Kasserolle geben und die Schnitzel hineingleiten lassen, ruhig ein wenig in der heißen Tomatensauce ziehen lassen. Ein Gericht, das sich gut vorbereiten lässt, weil man es später in der Kasserolle im Ofen bei 100 C° einfach erwärmen kann. Man serviert es am besten mit einer Scheibe Landbrot oder mit den *patate alla contadina* von *Coco Lezzone* von Seite 45.

4 Portionen *bracciola rifatta bicchieri* (so heißt das Stück vom Fleisch) *cotoletta* 4 x 0,5 cm dicke – oder eher dünne – Scheiben Schweinekotelett ohne Knochen
1 Ei
1 Hand voll Semmelbrösel
1 Glas oder eine Dose gepellte oder gehackte Tomaten
Petersilie
Sonnenblumenöl oder Öl zum Frittieren
Olivenöl
2 ganze Knoblauchzehen
1 getrocknete Chilischote
1 halbes Glas Weißwein

BONANNI

Großes sucht sich gerne einen schlichten Ort. Man konzentriert sich eben auf das Wesentliche. Dabei ist es in der Trattoria Bonanni im kleinen Ort Turbone keineswegs ungemütlich – ganz im Gegenteil: Ein Raum könnte kaum schöner sein. Viele Details sind sicher über 60 Jahre lang nicht verändert worden, sie wurden nur behutsam instand gehalten, mehr nicht. Die Beleuchtung ist einfach nur hell, alle essen wie auf einer Bühne mit Maurilio als Hauptdarsteller. Als Juniorchef zieht er von Tisch zu Tisch, um mit honoriger Stimme seinen Gästen die Tageskarte vorzutragen. Sein Vater Mauro schneidet indessen das Brot und schreibt die Rechnung. Natürlich in Lire, was immer einen kleinen Schreck bei den Zahlenden auslöst, aber in letzter Minute mit einem alten Taschenrechner noch umgerechnet wird. Am Wochenende hört Mauro gerne mit seinem Kofferradio am Ohr Fußball, wozu er sich lässig in die Tür positioniert. Marcia, die Tochter von Mauro, arbeitet in der Küche. Sie ist eine der besten Köchinnen der Toskana und kocht so gut, dass ihre *pappardelle di cinghiale* (Bandnudeln mit Wildschweinsauce) eine lebenslängliche (Sehn)-Sucht erzeugen. Das Risiko sollte man dennoch eingehen, denn einen triftigen Grund, in die Toskana zurückzukehren, braucht jeder. Auch die *linguine* mit Trüffel, die *pasta* mit Spargelcreme, das *bistecca fiorentina* und die *rosticiana* (gegrilltes Schweinefleisch) sowie der Spinat brennen sich unauslöschbar in das Gedächnis eines echten *goloso* (Genießer) ein.

Bonanni Adresse: Via Turbone 9, Turbone – Montelupo
Tel: 0039 0571 913477 Öffnungszeiten: Dienstag – Sonntag 12.00 – 14.00,
20.00 – 22.00 Uhr.

Hotel   Restaurant   Café   Bar   Shop   //   Interview   Wissenswertes   Rezept

Ein Gespräch mit Mauro
Familienoberhaupt der Bonannis

Was war zuerst da, Bonanni oder der kleine Ort Turbone?
Das war schon Turbone. Bonanni wurde 1920 von meinem Großvater Tito als *alimentari*, als Lebensmittelladen, gegründet. Doch da 1985 zwei *alimentari* zu viel in dem kleinen Ort waren, entschied mein Vater, die Küche weiter auszubauen. Am Anfang kochte Tante Fosca, später hat das meine Frau Marisa übernommen.

Dann gibt es schon seit vier Generationen Bonanni?
Ja, und die fünfte sauste gerade hier durch. Er ist noch jung und hat noch kein Interesse mitzuhelfen. Ganz anders als meine Kinder damals. Da verändert sich gerade viel in Italien. *Mah, vediamo!*

Wie schafft Deine Familie es seit vier Generationen, die jeweils nächste Generation für die Arbeit in der Trattoria zu begeistern?
Gab es nie den Wunsch, genau das Gegenteil wie die Eltern zu machen?
Wir haben sie nie dazu angehalten. Maurilio hat in Montelupo in einem Restaurant im Service gelernt. Er hat es selbst entschieden und seit einigen Jahren arbeitet er wieder bei uns. Meine Frau und ich hätten ihn auch etwas anderes machen lassen.

Gab es mal Unterbrechungen?
Meine Frau hat eine Zeit lang mal ausgesetzt. Marcia, meine Tochter hat auch erst einen anderen Beruf gelernt und sich um ihre Kinder gekümmert. Sie fing mit 30 Jahren an die Küche zu übernehmen. Ihre Tochter jobbt auch schon im Service. Es gab auch Zeiten, da mussten wir tagsüber anderswo arbeiten. Abends haben alle mitgeholfen. Doch da keiner gekocht hat, habe ich nur *crostini* und *salumi* angeboten und dazu *vino al banco* gemacht (Wein ausgeschenkt). Aufgeben wollte ich es nie.

Pappardelle al sugo di cinghiale
(Bandnudeln mit Wildschweinsauce)

Um das Fleisch von seinem strengen Wildgeschmack zu befreien, zweimal abwechselnd unter fließendem Wasser abwaschen und anschließend in einem 50/50-Gemisch aus Weinessig und Wasser für 3 Minuten liegen lassen. Abtropfen lassen und anschließend in 4x4 cm große Würfel schneiden. Reichlich Olivenöl erhitzen und die klein geschnittene Zwiebel, die geschälte Karotte und die Selleriestange im Ganzen andünsten. Das trocken getupfte Fleisch mit dem Lebkuchengewürz und dem Lorbeerblatt anbraten. Mit einem Glas Rotwein ablöschen und etwas einkochen lassen. Dann gießt man so viel Wasser dazu, bis das Fleisch gerade bedeckt ist und lässt es 1 Stunde leise vor sich hinköcheln. Jetzt mit der Schaumkelle die Fleischstücke rausfischen und sie mit dem Wiegemesser so fein hacken, dass nur noch feine Fasern übrig bleiben. Anschließend die Sauce wieder hinzufügen. Salzen und mit den geschälten Tomaten, dem Tomatenmark und mit einem guten Schuss Olivenöl verlängern. Die Sauce sollte noch einmal 20 Minuten köcheln. Die Nudeln nach Bedarf kochen und mit der heißen Sauce servieren.

6 Portionen
1,5 Packung *Mafalda/ Pappardelle* (Bandnudeln), notfalls auch *Penne*
500 g Wildschein in 4 x 4 cm Würfel geschnitten
(jedes Stück vom Wildschwein eignet sich)
Weinessig – muss nicht der edelste sein!
1 Karotte
1 Stangensellerie
1 größere Zwiebel
1 kleines Bund Petersilie
2 Teelöffel Lebkuchengewürz
1 Lorbeerblatt
1 Glas Rotwein
2 kleine Dosen geschälte Tomaten
1 kleine Dose Tomatenmark
reichlich gutes Olivenöl

Tipp:
Das gleiche Rezept kann auch mit Hase und Reh gekocht werden.

PROCACCI

Procacci ist wie eine Trüffel. Klein und reich an gutem Geschmack. Wie ein altes Mitglied der Familie lieben die Florentiner die gleichnamige Institution, wo man sich zwischendurch mit einem *Montenisa*, einem lombardischen Schaumwein, und einem *panino tartufato* (Trüffelmilchbrötchen) den Tag versüßen kann. Stammgäste kommen und trinken einen guten Wein von Antinori und essen dazu *pane rostato con lardo guanciale*, ein geröstetes Brot mit Speck von den Schweinebäckchen. Ein paar Tische bieten Gelegenheit, auch länger zu verweilen. Da es zwischen den klassischen Essenszeiten selten voll ist, ist das Procacci eine wundervolle Adresse, um eine verpasste Mahlzeit nachzuholen. 1998 haben die Schwestern Antinori, Erben des berühmten Weingutes und gleichzeitig Nachbarn im gegenüberliegenden Palazzo, das Lokal übernommen. Signora Procacci konnte keine Nachfolger in der eigenen Familie finden, und alle waren dankbar, dass diese florentinische Perle behutsam in die nächste Generation getragen wurde. Das Interieur blieb unverändert, das Kernsegment auch. Das Angebot an Delikatessen wurde sogar noch verfeinert. So gibt es ein *best of* italienischer Raritäten und eine Produktreihe unter dem eigenen Label, die in Zukunft auch in eigenen Geschäften europaweit vertrieben werden soll.

Procacci Adresse: Via Tornabuoni 64r, Firenze
Tel: 0039 055 211656 Öffnungszeiten: Montag – Samstag 10.30 – 20.00 Uhr

Hotel   Restaurant   Café   Bar   Shop   //   Interview   Wissenswertes   Rezept

☞ Die Trüffel, und was Sie darüber wissen sollten

Es gibt Trüffelprodukte in Hülle und Fülle und es fällt schwer, dabei die richtige Wahl zu treffen. Deshalb hier einige Orientierungspunkte:

Schwarze Trüffel

Die schwarze Trüffel, auch Sommertrüffel genannt, eignet sich besser zum Kochen als ihre weiße Kollegin. Die schwarze Trüffel gibt freizügig ihr Aroma an ihre Umgebung ab, sprich an Fleisch, Käse und Wurst. Wer schwarze Trüffel konserviert kaufen möchte, sollte sich für feine Scheiben in Öl eingelegt entscheiden. Ganze Trüffel, in Salzlake eingelegt, haben fast keinen Geschmack und sind eher eine teure Enttäuschung.

Trüffelhonig

Der Trüffelhonig ist ein wunderbares und vergleichsweise nicht ganz so teures Produkt. Er passt am besten zu Käse, etwa zu *ricotta* oder *mascarpone*.

Weiße Trüffel

Weiße Trüffel sind frisch natürlich am besten. Die Italiener lieben sie auf Eiernudeln mit ein wenig Brühe und Butter. Am Ende wird reichlich frische Trüffel direkt über die dampfende Pasta gerieben. Ein Trüffelhobel ist dabei fast unverzichtbar. Die Saison der weißen Trüffel ist von Herbst bis zum Ende des Winters. Sie werden hauptsächlich im Piemont, in der Marche, aber auch in der Toskana gefunden. Dort besonders in der Gegend um San Miniato zwischen Florenz und Pisa. Im November findet in San Miniato dazu dreimal monatlich ein Trüffelmarkt statt. Die weiße Trüffel konserviert sich am besten als Creme oder in Form von Butter, wobei die Butter besser für die Pasta ist und die Creme besser auf dem Brot schmeckt. Procacci, aber auch Savini sind vertrauenswürdige Firmen, die nur mit einheimischer Ware arbeiten und keine chinesischen Produkte mit untermischen. Trüffel kann man im Winter sehr gut bei Bonanni essen – siehe Seite 58.

☞ Transport und Lagerung von frischen Trüffeln

Weiße Trüffel sollten vor dem fünften Tag nach der Ernte gegessen werden. Der Geschmack nimmt jeden Tag durch den Feuchtigkeitsverlust ab. Am besten transportiert man eine Trüffel im Marmeladenglas, wobei sie vorher in ein Küchenkrepp eingewickelt werden sollte. Das altbekannte Transportmittel Reis entzieht der Trüffel den Geschmack. Das ergibt zwar ein gutes *risotto*, aber zurück bleibt eine fade Trüffel. Trüffel lassen sich sogar frisch gerieben einfrieren. Eine Technik, die bei Restaurants außerhalb der Saison sehr beliebt ist.

PITTI GOLA E CANTINA

In der Vergangenheit genossen toskanische Weine nicht eben den besten Ruf. Vor mehr als zehn Jahren begann Giancarlo Avuri, der Besitzer des Pitti Gola, sie von ihrem noch aus den 70er Jahren stammenden schlechten Image zu befreien. Heute gehören Namen wie Banfi, Solari, Tignanello Antinori, Fonterutoli und Biondi Santi zur italienischen Top-Liga. Einen Überblick über die phantastischen toskanischen Weine zu gewinnen, ist kein leichtes Unterfangen, denn die Zahl der Weingüter ist enorm. Einen guten Einstieg findet man im Pitti Gola, wo der charmante, englisch sprechende Sommelier Edoardo seine Gäste gerne auf eine kleine Rundreise mitnimmt. Man setzt sich am besten direkt zu ihm an die Bar, um seine ganze Aufmerksamkeit zu gewinnen. Edoardo wird Ihnen dort entweder vorschlagen, mit den historischen Weingütern zu beginnen oder sich die unterschiedlichen Weingebiete mit ihren jeweiligen Trauben vorzunehmen. Ein anderer Rundgang führt zu unbekannteren, aber sehr innovativen Winzern und verspricht einige ebenso interessante wie preisgünstige Entdeckungen. Wichtig ist nur: Man sollte sich auf ein Motto pro Abend beschränken! Für einen soliden kulinarischen Unterbau werden Kleinigkeiten von der berühmten *macelleria* Dario Checchini aus Panzano gereicht oder verschiedene Käsesorten mit fruchtigem Senf. Wenn Sie auf einer der Rundreisen Ihren Lieblingswein gefunden haben, lassen Sie sich unbedingt den Namen aufschreiben.

Pitti Gola e Cantina Adresse: Piazza Pitti 16, Firenze Tel: 0039 055 212 704
Öffnungszeiten: täglich 11.00 – 23.00 Uhr

Hotel   Restaurant   Café   Bar   Shop   //   Interview   Wissenswertes   Rezept

👉 Vinotheken

Über die ganze Innenstadt verteilen sich die traditionellen *vinotecas*. Besonders viele gibt es rund um den Mercato di San Lorenzo. Ein Besuch lohnt sich nicht nur, um ein Glas Wein zu probieren, sondern auch um ein paar Kleinigkeiten wie Käse, *finocchiona* (Fenchelsalami) und geröstete Brote mit Leber, Öl oder Tomaten zu kosten. Leider schließen diese Institutionen schon früher am Abend und sind daher nichts, um hier den Abend beschwingt ausklingen zu lassen.

Die schönsten sind:

Casa del Vino
Via dell' Ariento 16r, Firenze.
Tel: 0039 055 215609
Mo – Fr 9.30 – 19.00 Uhr, Sa 10.00 – 15.00 Uhr

All'antico Vinaio
Via dei Neri 65r, Firenze.
Mo – Fr 8.00 – 22.00 Uhr

Cantinetta di Verrazzano – modern
Via Tavolini 18–20r, Firenze.
Tel: 0039 055 268590
www.verrazzano.com
Mo – Sa 12.30 – 22.00 Uhr

Hotel   Restaurant   Café   Bar   Shop   //   Interview   Wissenswertes   Rezept

OFFICINA PROFUMO DI SANTA MARIA NOVELLA

Durch das Tor des Officina Profumo di Santa Maria Novella betritt man einen Ort der Ruhe und der einzigartigen Schönheit. Die Säle aus dem 13. Jahrhundert, ehemals Teil einer Kirche, sind durch und durch erfüllt vom Duft einer berühmten Kräutermischung. Die Rezepturen der noch heute verkauften Produkte gehen auf Dominikanermönche zurück, deren Kräuterheilkunde schon seit der Zeit der Renaissance die Basis für medizinische sowie pflegende Produkte und Parfums bildet. Das *acqua della regina* ist heute noch so beliebt wie damals. Es wurde ursprünglich um 1500 für Caterina di Medici, die französische Königin, kreiert und von ihr in Paris eingeführt. Später bildete es die Basis für Kölnisch Wasser. Seitdem Stars aus aller Welt die *crema di mani*, eine wunderbar duftende Zitronen-Handcreme, oder die legendäre Kräutermischung *Pot-Pourri* als Raumduft für sich entdeckt haben, sind auch die seit Jahrhunderten unveränderten Räume zu einem viel besuchten Pilgerort geworden. Das *Pot-Pourri* ist das florentinische Mitbringsel überhaupt, das lose oder in Gefäßen aus Terracotta angeboten wird, aber auch in florentinische Seide eingenäht wird. Die nostalgischen Verpackungen haben sich bis heute wenig verändert, einige alte Formen und Schriften hat man wiederentdeckt und neu aufgelegt. Die Herstellung findet nicht mehr wie früher im eigenen Hause statt, sondern in einem externen Laboratorium in Florenz.

Officina Profumo di Santa Maria Novella   Adresse: Via della Scala 16, Firenze
Tel: 0039 055 216276   Internet: www.smnovella.it   Öffnungszeiten: Montag –
Samstag 9.30 – 19.30 Uhr. März – Oktober auch Sonntag 10.30 – 18.30 Uhr

Lieblingsprodukte

Pot-Pourri

Eine intensive Duftmischung aus Blumen und Kräutern der *colli fiorentini*, der florentinischen Hügel, dessen unverwechselbares Aroma sich während der Lagerung in Tongefäßen entfaltet. Es eignet sich als Raumduft, um Schränke und Schubladen zu parfümieren. Ein Duft, der polarisiert, man liebt ihn oder liebt ihn nicht, ein „Dazwischen" gibt es nicht. Klassisch abgefüllt im florentinischen Öltopf oder in florentinischer Seide.

Crema per le mani

Ist eine Handcreme, die nach Zitronen duftet. Sie macht trockene Hände wunderbar weich und zieht schnell in die Haut ein. Für die Füße gibt es eine Variante mit Mandelöl.

Acqua di rose

Ein Tonic für die gerötete und normale Haut. Beim Öffnen fliegt einem ein ganzer Rosengarten entgegen.

Seifen

Die Seifen werden nach wie vor Stück für Stück von Hand mit Maschinen aus dem 19. Jahrhundert gepresst, anschließend 60 Tage in einem belüfteten Schrank gelagert und dann von Hand verpackt.

☞ Die Geschichte einiger Produkte

Die Präparate des Officina Profumo di Santa Maria Novella, einer der ältesten Apotheken der Welt, haben Geschichte gemacht und die Jahrhunderte überdauert. Viele Essenzen und berühmte Parfüms werden heute noch genauso hergestellt, wie sie um 1500 für Caterina di Medici entwickelt wurden. Das *Dei Sette Ladri*, ein aromatischer Essig, der bei Ohnmacht gereicht wird, geht auf eine Formel aus dem Jahr 1600 zurück. Das *Acqua di Santa Maria Novella*, 1614 von *Fra Angiolo Marchissi* erfunden, ist wegen seiner schmerzlindernden und krampflösenden Wirkung bis heute sehr geschätzt. Das *Acqua di Rose* ist eine hervorragende Erfrischung für gerötete Augen und wurde schon in der zweiten Hälfte des 14. Jahrhunderts verkauft.

SMART TRAVELLING

GUT ZU WISSEN

Florenz ist groß, darum ist dieser Infoteil so klein. Hier erfahren Sie nicht alles und jedes, sondern genau das, was Sie für ein perfektes Wochenende brauchen. Wenige, aber genau die richtigen Informationen: Wissenswertes über die florentinische Lebensart, eine kleine subjektive Auswahl an Sehenswürdigkeiten, Spaziergängen und Tipps für Unternehmungen am Sonntag.

Dazu einen Stadtplan mit all unseren Lieblingsadressen, damit Sie nicht lange suchen müssen, sondern gleich anfangen können Florenz zu genießen.

VERSTECKTE SEHENSWÜRDIGKEITEN

Florenz ist ein großes Museum, und man könnte Wochen damit verbringen alles anzuschauen. Doch die meisten waren schon mal in Florenz und haben bereits viele Klassiker wie die Uffizien, den Palazzo Vecchio, den Palazzo Pitti und den Dom gesehen. Deshalb möchten wir eine kleine Auswahl an Sehenswürdigkeiten vorstellen, die eher in der zweiten Reihe stehen und zu den versteckteren Schätzen der Stadt gehören. Wer sich für die Hintergründe interessiert, sollte sich ergänzend einen Kunstführer kaufen. Denn wir können dem Umfang hier nicht gerecht werden.

Wer schon unterwegs ist, kann auch einen Kunstführer auf Deutsch oder Englisch in den großen Buchläden der Firma Edison oder bei Feltrinelli International besorgen. Es gibt natürlich keinen Grund, sich die Klassiker nicht noch ein zweites und drittes Mal anzuschauen.

Edison
Piazza della Repubblica 27/r, Firenze
Tel. 0039 055 213110
tgl. 10.00 – 24.00 Uhr

Feltrinelli International
Via Cavour 12, Firenze
Tel: 0039 055 292196
Mo – Sa 9.00 – 19.30 Uhr

Die Mystik der Geometrie von
San Miniato al Monte
San Miniato al Monte ist mit ihrer frühen Renaissance-Fassade ein architektonisches Juwel. Man wird einfach nicht müde, wieder und wieder den Hügel zum Piazzale Michelangelo von der Stadt aus hochzuschauen und zu staunen. So klar und erhaben präsentiert sich die Kirche. Von dem Vorplatz hat man den schönsten Blick auf die Stadt. San Miniato al Monte ist im Inneren im romanischen Stil gehalten, dabei sind die bemalte Holzdecke und das Spiel geometrischer Formen aus weißem und dunklem Marmor besonders auffällig. Die Fassade wurde erst später fertig gestellt.

Via del Monte alle Croci, Firenze
Tel. 0039 055 234 27 31
tgl. 8.00 – 12.00 und 15.00 – 18.00 Uhr
(Sommer), tgl. 8.00 – 17.30 Uhr (Winter)

Die versteckten Fresken der
Santa Maria del Carmine
Die Kirche Santa Maria del Carmine übersieht man leicht, denn sie sieht von außen schmucklos und unfertig aus. Doch im Inneren verstecken sich in der Cappella Brancacci die wunderschönen Fresken von Masaccio und Masolini, die als Meisterwerk der Frührenaissance gelten.

Piazza del Carmine, Firenze
Tel. 0039 055 2768224
Mo – Sa 10.00 –17.00 Uhr
So 13.00 – 17.00 Uhr

Die de-luxe-Gräber der Medici – Cappella dei Principi

Die Cappella dei Principi ist das Mausoleum der Medici und angegliedert an die Kirche San Lorenzo. Für das prächtige achteckige Gebäude wurde damals alles an wertvollen Materialien herbeigeschafft und keine handwerkliche Mühe gescheut. Mit dem besonders schwer zu verarbeitenden Marmor pietra dura geizte man nicht. Das Ergebnis ist beeindruckend und dokumentiert die Macht und Größe der Medici in Florenz. Viele wichtige Arbeiten von Michelangelo und Vasari schmücken die Räume.

Eingang: Piazza Madonna Aldobrandini, 6, Firenze
Tel. 0039 055 238 86 02
tgl. 8.15 – 17.00 Uhr

Ein barocker Tempel – Chiesa S.S. Annunziata

Santissima Annunziata ist die Kirche der Wunder, was sie Jahrhunderte lang zu einem Wallfahrtsort machte. Der Legende nach soll im Jahr 1225 ein Engel über Nacht ein unvollendetes Vollstreckungsfresko wie durch Zauber fertig gestellt haben. Die Architektur mit dem Vorhof und der barocken Gestaltung ist eher untypisch für Florenz und erinnert mit den großen Weihrauchlampen ein wenig an einen asiatischen Tempel.

Piazza della SS. Annunziata, Firenze
Tel. 0039 055 266181
tgl. 7.30 – 12.30 16.00 – 19.00 Uhr

Leben im Kloster – San Marco

San Marco ist ein Dominikanisches Kloster, in dem man sich sehr anschaulich das Leben der Mönche vorstellen kann. Heute noch werden Teile des Klosters von Mönchen bewohnt. Das Besondere in dem heute als Museum genutzten Teil sind die zahlreichen Fresken von Fra Angelico, die in den einzelnen Zellen und in den Gängen zu sehen sind. Die berühmteste heißt die „Vollstreckung". Sie sind entstanden in der Zeit, als er selbst als Mönch im Kloster San Marco war. Eine weitere berühmte Persönlichkeit war Girolamo Savonarola, schnell erkennbar an seiner großen Hakennase und bekannt als ein großer Kritiker von Lorenzo de Medici. Auch er lebte im Kloster und hetzte von der Kanzel des Doms als Prior das Volk gegen den Sittenverfall und den großen Kunstförderer mit seinem aufwändigen Lebensstil auf. Zum Kloster gehört eine

Bibliothek, die als die älteste öffentliche Bibliothek der Stadt gilt.

Museo di San Marco
Piazza San Marco, 3, Firenze
Tel. 0039 055 2388-608/704
Mo – Fr 8.15 – 13.50, Sa 8.15 – 18.50 Uhr
nicht an allen Sonntagen offen

Die „Unvollendeten" von Michelangelo
Die Galleria dell'Accademia gehört sicherlich nicht zu den versteckten Sehenswürdigkeiten, doch Michelangelos Infiniti, die Unfertigen, wirken so kraftvoll und wunderschön, dass man gerne öfter mal vorbeischauen möchte. Die Vorstellung von Michelangelo, dass er seine Figuren aus dem Marmor befreien müsste, wird mit dieser Serie sofort verständlich. Hauptanziehungspunkt ist der David von Michelangelo, der hier im Original zu sehen ist. Auf der Piazza della Signoria vor dem Palazzo Vecchio steht eine Kopie.

Via Ricasoli, 58–60, Firenze
Tel. 0039 055 2388612
Di – So 8.15 – 18.50 Uhr

Waffen und Sammelwut – das Museo Federico Stibbert
Es ist ein wenig kurios, dass ausgerechnet ein italienischer Sammler mit englischen Wurzeln 1860 dem Wahn verfallen ist, die florentinische Geschichte in über 60 Räumen anhand von Waffen darzustellen. Es ist eine der größten Sammlungen an alten Schwertern, Säbeln und Rüstungen auf der Welt. Doch man muss kein Waffennarr sein, um das Museo Federico Stibbert zu mögen. Unwahrscheinlich beeindruckend ist der Palast selbst, seine Architektur und das Gesamtarrangement: Tapeten, Wandbemalungen, Kamine, Möbel, Renaissancebilder und nicht zu vergessen die venezianische Loggia. Es gibt nur wenige Stellen im Palast, die nicht durch handwerkliche Künste aufgewertet wurden.

Museo Federico Stibbert
Via Stibbert, 26, Firenze
Tel. 0039 055 294883
Mo – Mi 10.00 – 14.00 Uhr,
Fr – So 10.00 – 18.00 Uhr

SECHS GEBOTE
UM FLORENZ BESSER ZU GENIESSEN

Was mit dem Auto machen?

Parken Sie Ihr Auto niemals außerhalb eines der vielen Parkhäuser. Diese kosten für einen halben Tag ungefähr 20 Euro. Den Schlüssel können Sie getrost dem Parkhaus-Betreuer abgeben. Als Ausländer kann man trotz der aufgestellten Kameras ins Zentrum fahren, ein Strafzettel wird in aller Regel nicht nachgeschickt. Doch als Fremder findet man sich im Gewirr der Straßen nur schwer zurecht. Das günstigste Parkhaus ist unter dem Bahnhof Santa Maria Novella, aber auch die in der Viale della Giovine Italia unter dem Gebäude der regionalen Zeitung kann man gut parken und bequem die Innenstadt erreichen.

Am besten mit dem Zug

Der Bahnhof in Florenz befindet sich mitten in der Stadt. Von dort aus sollte man sich am besten ein Taxi zum Hotel nehmen. Das kostet nicht viel und spart besonders in Florenz viel Mühe, denn in den kleinen Gassen auch nur eine Viertelstunde den Koffer hinter sich herzuziehen, ist wegen der schmalen Bürgersteige keine Freude.

Das Dilemma mit den Öffnungszeiten

Die Öffnungszeiten in Florenz treiben jeden Großstädter in den Wahnsinn. Montags sind die Modegeschäfte zu, am Mittwochnachmittag die Lebensmittelläden und jeden Mittag schließen alle Geschäfte für 3-4 Stunden – und das in einer Stadt, die von Touristen lebt. Wenn man einem Italiener sein Leid klagt, mittags kein Brot kaufen zu können, dann sagt er mitleidig, dass er nie auf die Idee kommen würde mittags Brot zu kaufen. Basta, fertig – das ist halt so. Die Regel lautet also: Früh raus und shoppen, Punkt ein Uhr Essen gehen, danach ein Mittagsschläfchen im Hotel halten oder ins Museum gehen, denn Museen haben keine oder nur kurze Mittagspausen. Und ab 17.00 Uhr dann wieder losziehen.

Essenszeiten

Mittags um eins steht das Essen auf dem Tisch. In Florenz ist es wichtig die Essenszeiten einzuhalten, denn alle guten Trattorien schließen mittags um

14.30 und abends oft schon um 22.00 Uhr. Da kann man bitten und betteln, fünf Minuten zu spät — und aus: kein Essen mehr. Am Abend sollte man unbedingt reservieren oder von der Rezeption reservieren lassen.

Warum es sich lohnt früh aufzustehen
In Florenz lohnt es sich sehr früh unterwegs zu sein. Morgens ist die Stadt weniger touristisch und die Stimmung ist entspannter. Florentiner sind alle zeitig auf den Beinen und einige Lebensmittelgeschäfte und Märkte öffnen schon vor 8.00 Uhr morgens. Dafür kann man ein Mittagsschläfchen machen, wenn die Läden geschlossen sind.

Im Gehen isst man nicht!
Kein Florentiner isst zwischendurch und schon gar nicht im Gehen. Kein *panino*, keine Pizza, ja nicht mal ein *cornetto*. Das mag an dem großen Respekt liegen, den man dem Essen entgegenbringt, und auch an den streng einzuhaltenden Essenszeiten, die sicher gut für Körper und Geist sind. Die einzige Ausnahme ist das *gelato*, das man ungestraft auch beim Laufen genießen kann.

FLORENTINISCHES HANDWERK

Florenz war immer die Stadt des feinen Handwerkes, doch es werden immer weniger Betriebe. Das liegt hauptsächlich an den kostenintensiven Verpflichtungen der Handwerksbetriebe. In Italien muss ein Meister einen jungen Gesellen genauso hoch bezahlen wie einen erfahrenen Angestellten, der sein halbes Leben dort arbeitet. Als Folge können und möchten sich die Handwerker den Nachwuchs nicht mehr leisten. Das Wissen wird nicht mehr weitergegeben. Eine traurige Entwicklung generell, doch besonders dramatisch für Florenz, das ausschließlich von der Tradition, der Geschichte, dem Handwerk und dem Tourismus lebt. Doch einige Betriebe stemmen sich gegen diese Entwicklung und werden als die letzten Perlen von den Einheimischen wie von aufmerksamen Reisenden besonders geschätzt. Die besten der jeweiligen Gewerke sind hier zusammengetragen.

Seide, Borten und Möbelstoffe
In einem romantischen Hinterhof werden

Stoffe aus Seide, Wolle und Baumwolle nach alten Vorbildern und Traditionen gewebt, die hauptsächlich für den Bereich der Innenarchitektur eingesetzt werden. Hotels, Kirchen und Paläste, die einen Originalstoff in einem alten Streifen, in den Farben alter Fresken oder in einem Jacquard Florentiner Art brauchen, lassen diesen nach ihren Wünsche hier anfertigen. In dem Ausstellungsraum sind immer ein paar Meter von den Stoffen vorrätig, und diese können auch erworben werden.

Antico Setificio Fiorentino
Via L. Bartolini, 4, Firenze
Tel. 0039 055 21 38 61
www.anticosetificiofiorentino.com
Mo – Fr 9.00 – 13.00, 14.00 – 17.00 Uhr

PAMPALONI

Silber
Wer eine Leidenschaft für Silber hat, kommt an Pampaloni nicht vorbei. Nach alten Vorbildern aus den Uffizien, von trojanischen Formen und sizilianischen Gedecken werden Bestecke, Schalen und Gebrauchsgegenstände gefertigt. Dennoch fehlt ihnen die Verbindung in die Moderne nicht. Eine Serie aus Trinkgefäßen nach altem Vorbild der Renaissance wirkt so phantastisch wie von Hieronymus Bosch entworfen. Alle Produkte sind nicht nur wunderschön, sondern auch handwerklich besonders fein gearbeitet. Das Geschäft liegt wenige Meter von der Via Tuornabuoni entfernt.

Pampaloni
Borgo SS. Apostoli, 47r, Firenze
Tel. 0039 055 289094
Di – Sa 10.00 – 13.00, 15.30 – 19.30 Uhr

Glas
Wer alte Florentiner Glasformen liebt, wird von Locchi begeistert sein. Das unwiderstehliche Sortiment reicht vom Wasserglas in schlichter Schönheit bis zu Vasen und Schalen der Art, wie sie schon bei den Medicis gestanden haben. Alte Formen werden meisterhaft neu aufgelegt. Das Depot liegt in einer reinen Wohnstraße im südlichen Teil der Stadt, außerhalb der Stadtmauer.

Locchi
Via D. Burchiello, 10, Firenze
Tel. 0039 055 2298371
Mo – Fr 9.00 – 13.00, 15.00 – 18.30 Uhr

Leinen-Handtücher und -Servietten
Hier gibt es feinstes Leinen, wie es in den noblen Palazzi gerne zum Hände-

trocknen oder als Tischdekoration verwendet wird. Die klassischen Muster reichen von traditionellen toskanischen Ornamenten bis zu nordischen Streifen. Wenn von einer Art mal nicht genug vorrätig ist, wird gerne nachbestellt. Freundliche Beratung.

Busatti
Lungarno Torrigiani, 11r, Firenze
Tel. 0039 055 2638516
www.busattifirenze.com
tgl. 10.00 – 13.00, 15.00 – 19.00 Uhr

Handgeschöpftes Papier

Das Handwerk der Papier- und Buchbindekunst hat eine lange Tradition in Florenz. Überall befinden sich kleine Läden, die immer das gleiche auf Antik getrimmte Sortiment haben. Bei Parione hingegen setzt man auf das Besondere. Schlicht gebundene Buchrücken erhalten einen edlen Ledereinband, aus Leder und schönen handgeschöpften Papieren entstehen Alben. Angeboten werden Skizzenbücher in allen Größen, Notizzettelkästen, Gästebücher, Kochbücher zum selber Füllen und vieles mehr.

Parione
Via dello Studio, 10r, Firenze
Tel. 0039 055 215030
www.parione.it
Mo – Sa 9.00 – 19.00 Uhr

WO SIND SIE, DIE JUNGEN KREATIVEN?

Die meisten Florentiner haben sich an die einmalige Schönheit ihrer Stadt gewöhnt. Doch ein so schönes Erbe macht auch träge. Ist es nicht erstaunlich, dass gerade in einer Stadt voller historischer Kunstschätze so wenig zeitgenössische Kunst oder anspruchsvolles Design zu finden ist. Woran liegt das? Gerade wirkt es so, als sage man sich: „Unsere Vorfahren haben doch den Zenit mit der Renaissance schon erreicht, was können wir da heute noch draufsetzen?" Vielleicht warten sie auch nur auf die Wiedergeburt von Lorenzo de Medici, der als bedeutendster Mäzen der Kunstgeschichte Größen wie Michelangelo in seinem Palazzo arbeiten und leben ließ. Doch ein paar wenige junge

Künstler halten die Fahne der Kreativität hoch.

Galerien

Brancolinigrimaldi
Vicolo dell'Oro, 12r, Firenze
Tel. 0039 055 2396263
Mo – Sa 10.00 – 13.00, 15.00 – 19.00 Uhr

Galleria Alessandro Bagnai
Via C. Salutati, 4/r, Firenze
Tel. 0039 055 212131
Mo – Sa 10.00 – 13.00, 15.00 – 19.00 Uhr

EMILIO PUCCI

Mode

Emilio Pucci kommt aus einer der ältesten Adelsfamilien in Florenz. Er wurde zum Modephänomen in den 50er Jahren, als er die erste stromlinienförmige Skihose kreierte. Weiter ging es in den 60ern mit wilden grafischen Mustern in knalligen Tönen, die auf Sommerkleidern, schmalen Hosen und Tüchern die Herzen moderner Italienerinnen eroberten und von keinem noblen italienischen Badeort mehr wegzudenken waren. Heute sind Puccis grafische Muster wieder so aktuell wie damals und strahlen immer noch das noble Flair von damals aus. Seit einigen Jahren ist Emilios Tochter Laudomia Pucci für die kreative Leitung verantwortlich und Matthew Williamson verantwortet seit 2006 das Design. Davor hatte sich Christian Lacroix um die Entwürfe gekümmert und die Kollektion zu einem zweiten großen Erfolg geführt.

Pucci
Via de'Tornabuoni, 20–22r, Firenze
Tel. 0039 055 2658082
Mo – Sa 10.00 – 19.00 Uhr

Interieur
Die Fusion Bar ist einer der In-Plätze. Das Interieur ist modern und tasty wie das ganze Gallery Hotel Art. Die schöne Holzterrasse im Hof wirkt wie eine Oase der Ruhe. Mittags gibt es hier ein köstliches asiatisches Lunchbuffet für 15 Euro inklusive Kaffee und Wasser und abends verwandelt sich der Ort in eine sehr angenehme Bar.

The Fusion Bar
Viccolo dell'Oro, 3, Firenze
Tel. 0039 055 27266987
www.lungarnohotels.com
tgl. 12.00 – 24.00 Uhr
Brunch: Sa und So bis 15.00 Uhr

VON DER LIEBE ZUM ESSEN

Die toskanische Küche hat sich aus gutem Grund kaum verändert. Die Produkte der Region sind von bester Qualität und die Menschen haben den größten Respekt vor ihrer tief verwurzelten Tradition. Rezepte und kulinarische Erlebnisse bieten Tischkonversation für Stunden, selbst bei Kindern. Ausländischen Küchen, ja sogar denen der anderen italienischen Regionen gegenüber begegnet man mit einem gewissen Misstrauen. Alles nach dem Motto: Es kann eigentlich keine besser sein! Etwas einseitige Sicht, mag sich der Fremde denken, wird aber schnell zugeben, dass die toskanische Küche wirklich eine der besten ist. Der Rhythmus der Jahreszeiten bestimmt die Küche, so hat jeder Monat seine Gerichte. Im Frühjahr freuen sich alle auf den ersten wilden Spargel für eine *frittata di asparagi*, im September auf die ersten Steinpilze und im frühen Herbst auf die *uva fragole*, die Erdbeertrauben für eine süße Variante der *schiaciatta* eine Art Pizza. Am größten ist die Freude, wenn Mitte November das *olio nuovo*, frisch gepresstes Öl, zu kaufen ist. Dann sitzen die Familien glücklich um den Tisch und tunken die knusprige *schiaciatta*, in das trübe, gelbgrüne Öl. Diesen Farbton vergisst man nie mehr.

IM WECHSEL DER JAHRESZEITEN

Inmitten der Berge von frischem Obst oder Gemüse auf den Marktständen sieht man immer wieder Schilder mit der Aufschrift *nostrale*, was übersetzt „die Unsrigen" bedeutet und den Stolz der Verkäufer und die Liebe zu ihren Waren zum Ausdruck bringen. Das sind die Renner der Saison:

April – wilder Spagel
Mai – Erdbeeren
Juni – Artischocken
Juli – Tomaten, *pesca cotogne* (gelbe Pfirsiche)
August – Melonen, Steinpilze, Feigen
September – *uva fragola* (Erdbeerweintrauben), Steinpilze, Feigen
Oktober – Trüffel, Wein, *schiaciatta di uva*, *vino novello* (neuer Wein)
November – Trüffel, *olio nuovo*, Kastanien, Granatäpfel
Dezember – Kaki Schwarzkohl

RUND UM DEN MARKT SANT'AMBROGIO

Einen Besuch auf dem Markt sollte keiner verpassen, auch wenn es schmerzt, nicht alles gleich in den Kochtopf werfen zu können. Zum Glück gibt es immer ein paar Dinge, die sich gut mit nach Hause nehmen lassen. Dabei sollte man eher frische Produkte wie ein paar Steinpilze, gutes Rindfleisch der weißen Chianti-Rinder, ein paar würzige *salcicce* oder einige Artischocken kaufen. Alles Produkte, die sich zwei bis sechs Tage halten und die es bei uns nicht in dieser Qualität gibt.

Am besten fängt man den Tag mit einem Frühstück im Café Cibrèo an und bummelt dann noch vor 9.00 über den Markt.

Wer etwas Mut zum Thema Innereien aufbringt, sollte ein „Lampredotto"- Brötchen probieren. Der Belag besteht aus Rindermagen in einer Spinatsauce. Verkauft wird es zum Beispiel in der Via de' Macci aus einem kleinen grünen Ape.

Markt Sant'Ambrogio
Mo – Fr 7.00 – 14.00 Uhr,
Sa 7.00 – 14.00, 16.00 – 19.00 Uhr

Der größte Markt ist der von San Lorenzo, der aber wegen der vielen Touristenbuden etwas an Authentizität verloren hat. Doch montags sind die Stände alle weg und ein völlig anderes Bild eröffnet sich. Dann sind die alteingesessenen Händler in der zweistöckigen Markthalle unter sich. Im unteren Geschoss kann man bei Nerbone sehr gute *crostini*, ein Brot mit Lebercreme, essen. An dem Stand gibt es auch andere Leckereien wie *pappa pomodoro*, *ribollita* und *trippa fiorentina*.

WENIGSTENS EINMAL IM LEBEN

Pappa Pomodoro
ist eine Tomatensuppe mit aufgeweichtem Brot und einem Schuss kaltem Öl. Ursprünglich war es ein Gericht der armen Leute, die aus Sparsamkeit den gekochten Tomaten altes Brot hinzugefügt haben und am Schluss das Gericht mit etwas Öl verfeinert haben.

Ribollita
ist eine deftige Mischung aus Gemüse, Schwarzkohl und Bohnen. In der Toskana bevorzugen sie manche eher als Eintopf, andere lieber fein püriert. Darüber wird ein Schuss Öl und geröstetes Brot gegeben. Es ist ein typisches Essen für die kühlen Wintertage. In dieser Jahreszeit wird der bei uns gänzlich unbekannte Schwarzkohl geerntet.

Bistecca Fiorentina
ist ein ca. 3 cm hohes Rindersteak am Knochen. Es stammt von den weißen Chianti-Rindern. Bevorzugt wird es gegrillt und nicht in der Pfanne gebraten. Alle Restaurants und fast jeder Haushalt in der Toskana haben ein offenes Feuer. Über der Glut wird das Fleisch in 10 cm Abstand jeweils 5–6 Minuten gegrillt. Zum Schluss wird es nur reichlich gesalzen, gepfeffert und mit Öl beträufelt. Das ist alles. Weil der Geschmack so intensiv ist, glauben viele, dass noch eine spezielle Marinade im Spiel sein muss. Doch das ist nicht der Fall. Das Fleisch ist in der Mitte immer noch roh, und das ist auch gut so. Wer es sich besser durchgrillen lässt, bringt sich um das halbe Geschmackserlebnis. Dazu werden klassisch gekochte weiße Bohnen mit Öl gereicht.

Pasta Cinghiale
ist eine Wildschweinsauce, die am liebsten mit Bandnudeln serviert wird. In den Wäldern der Toskana wurde schon immer leidenschaftlich gerne gejagt und Wild gehört im Winter immer auf den Tisch. Ein Wildsugo macht ein wenig Arbeit, wahrscheinlich ist das ein Grund, warum außerhalb von Italien die Saucen immer mit großen Stücken gekocht werden. Doch das hat wirklich nichts mit der faserigen, feinen Konsistenz einer toskanischen Sauce zu tun.

Crostini
heißen in der Toskana geröstete Brotscheiben mit einer würzigen Lebercreme. Sie fehlen auf keiner Karte und sind bei den *antipasti* zu finden. Es gibt auch *crostini* mit Steinpilzen oder weißen Bohnen.

Schiacciata:
ist eine höhere, unbelegte Pizza mit einer Kruste aus Öl, Rosmarin und Salz. Nach dem Ausrollen drückt man mit den Fingern Löcher in den Teig. Es ist das Schulbrot der florentinischen Kinder und ein guter Partner für frischen *ricotta*, gekochten Schinken oder Mortadella. Zur Weinlese gibt es *schiaciatta* auch mit Weintrauben, Zucker und Rosmarin.

Tortelli und Tordelli al ragù:
Tortelli sind große, frisch gemachte Teigtaschen mit einer Kartoffelfüllung, ähnlich den *Tortellini*. Man isst sie mit einer kräftigen Fleischsauce. Die Kartoffelfüllung ist typisch für Mugello, eine Region nördlich von Florenz, doch es gibt sie auch mit Spinat und *ricotta*. In der Gegend um Lucca heißen sie *tordelli* und werden mit Hackfleisch gefüllt.

WARUM DAS TOSKANISCHE BROT OHNE SALZ IST

Es braucht eine Weile, bis man sich an das salzlose Brot gewöhnt hat und es sogar schätzen lernt. Hinter der Tradition verbirgt sich eine interessante Geschichte:

In der Zeit, als die Toskana noch eine Anhäufung von miteinander verfeindeten Stadtstaaten war, lieferte die am Meer gelegene Staat Pisa das Salz. Die Florentiner mussten eine Salzsteuer bezahlen, der sie bald überdrüssig wurden. Sie rächten sich damit, dass sie ihr Brot ohne Salz backten. In der Zeit entstand auch der Spruch: *„Meglior un morto in casa che un Pisano all porta."* Das heißt: Besser einen Toten im Haus als einen Pisaner vor der Tür. Später haben sich die Florentiner einfach an ihr Brot gewöhnt und die Saucen, Würste und den Schinken salziger gemacht, damit es am Ende wieder zu einer perfekten Verbindung kommt. Das beste Brot isst man in der Trattoria Rugello, die sich ihr Brot aus der Antica Dolce Fornaria in der Stadt San Casciano liefern lässt. Das Brot bei Sergio ist ebenso köstlich. Sie kaufen es in einer Bäckerei auf dem Lorenzo-Markt.

Da Ruggero
Via Senese, 89r, Firenze
Tel. 0039 055 220542
Do – Mo 12.30 – 14.30, 19.30 – 22.30 Uhr
sehr gutes Brot und gute „pasta con ragù" (Fleischsauce)

Sergio
Piazza San Lorenzo, 8r oder
Via di Canto de Nelli, Firenze
Tel. 0039 055 281941
kauft sein Brot bei Massimo unter den
Arkaden beim Lorenzo-Markt

DER EISLAUF DER BESTEN

Florentiner essen nicht gerne auf der Straße, nur beim Eis machen sie eine Ausnahme. Das Angebot in Florenz ist so gut, dass es Spaß macht, für jede Sorte die jeweils beste Eisdiele herauszufinden. In Italien gibt es keine Kugeln, sondern unterschiedliche Größen. Je nach Größe kann man zwei bis vier Sorten aussuchen. Der beste Test, um unbekannte Eisdielen einzuschätzen: Immer das Pistazieneis prüfen. Ist es neongrün, sollte man woanders hingehen. Ist es grau-oliv kann man sicher sein, dass mit natürlichen Zutaten gearbeitet wird. Pistazieneis ist teuer in der Herstellung, deshalb sind manche Verkäufer hier am schnellsten geneigt, mit künstlichen Geschmacksaromen statt mit natürlichen Grundstoffen zu arbeiten.

Grom
Besonderheit: *Slow food*-Anhänger. Sie arbeiten mit wenig Zucker und setzen die besten Zutaten aus den jeweiligen Regionen ein (Haselnüsse aus dem Piemont, Pistazien aus Sizilien). Das Eis wird schön altmodisch in runden Eimern mit Deckeln präsentiert. Die Firma Grom stammt aus Turin.

Via del orso, Firenze
Tel. 0039 055 216158, www.grom.it
tgl. 11.00 – 23.00 Uhr

Carraia
Besonderheit: Sie machen ein wunderbar cremiges Eis. Die Sorten und das Ambiente sind eher am Massengeschmack orientiert, doch Klassiker wie Pistazieneis mit ganzen Stücken sind einfach unschlagbar gut. Kinder lieben das Jogurteis mit Nutella. Perfekte Lage an der Ponte alla Carraia.

Piazza N. Sauro, 25r, Firenze
Tel. 0039 055 280695
tgl. 11.00 – 22.00 Uhr

Vivoli
Besonderheit: Das teuerste Eis der Stadt. Früher mal die berühmteste Eisdiele. Viele empfinden die kleinen Portionen als Nepp, doch das Zabaioneeis ist eindeutig das beste der Stadt.

Via Isola delle Stinche, 7, Firenze
Tel. 0039 055 292334, www.vivoli.it
Di – So 7.30 – 13.00 Uhr

Conti
Besonderheit: Die umwerfende Auswahl. Die Lust, neue Sorten, wie *Grano*, ein Getreideeis, auszuprobieren, führt manche Besucher ins Conti. Gute Obstsorten können eine kleine Geschmacksexplosion auslösen, zum Beispiel der gute alte Mandarinengeschmack aus den 70er Jahren!

Viale dei Mille, 1r, Firenze
Tel. 0039 055 5001433
tgl. ab 11.30 Uhr

Badiani
Besonderheit: Sie haben das Originalrezept des berühmten Buontalenti-Eis, das der Florentiner Bernado Buontalenti erfunden hat. Es setzt sich aus Eiern, Milch und Honig zusammen. Das Badiani ist eine alte klassische *pasticceria* mit eigener Eisproduktion und eine Institution für Desserts zum Mitnehmen. Wer bei Italienern zum Essen eingeladen wird, findet hier ein Mitbringsel, das die Gastgeber schätzen werden.

Viale dei Mille, 20r, Firenze
Tel. 0039 055 578682, www.buontalenti.it
Mi – Mo 7.00 – 24.00 Uhr

Carabé
Besonderheit: Das beste *granita* in Florenz. Diese sorbetartige Erfrischung kann nur von Sizilianern gemacht werden, denn da hat sie ihren Ursprung. Auch das Eis ist sehr gut, aber nicht vergleichbar mit dem Mandel-Granita. Es ist ein ganz anderes Erlebnis.

Via Ricasoli, 60r, Firenze
Tel. 0039 055 289476
tgl. Winter 10.00 – 20.00 Uhr
tgl. Sommer 9.00 – 1.00 Uhr

Vestri
Besonderheit: Vestri stammt ursprünglich aus Arezzo und spielt mit seinen herrlichen Schokoladen und Pralinen in der höchsten Liga. Eis gibt es nur wenige Sorten, doch die sind sensationell gut. Besonders Mandel und Schokolade sind ein echtes Erlebnis.

Borgo degli Albizi, 11r
Tel. 0039 055 2340374
Mo – Sa 10.30 – 20.00 Uhr

Gelateria Cavini
Besonderheit: Das klassische *millefoglie* wird hier nicht mit Mousse angeboten, sondern in der gekühlten Variante. Die Kombination aus Vanilieeis und Blätterteig ist genial. Der Laden besticht durch seine große Auswahl.

Piazza delle Cure, 19–23r
0039 055 587489
7.00 – 24.00 Uhr
Montag geschlossen

DAS SÜSSE FLORENZ – DIE PASTICCERIA

Eine Wochenende ist zu kurz, um der Vielfalt an süßen Teilchen gerecht zu werden. Zum Glück hat jede *pasticceria* ihren Klassiker. Machen Sie es wie die Italiener: Bleiben Sie an der Bar, denn mit Bedienung an den Tischen kostet es ein Vielfaches. An der Kasse sollte man wissen, wie das Objekt der Begierde heißt. Die süßen Teilchen zum Frühstück kosten alle gleich, so sagt man *due cappuccini e due dolci* (zwei Süße). Man erhält einen Bon, geht an die Bar, zeigt dem *barista* (Barmann) den Bon und wiederholt seinen Wunsch in möglichst flüssigem Italienisch.

Gilli
Piazza della Repubblica, 39r, Firenze
Tel. 0039 055 213896
www.gilli.it
Mi – Mo 7.00 – 13.00 Uhr

Das Beste: *praline al cioccolato*

Cosi
Borgo degli Albrizi, 15r, Firenze
Tel. 0039 055 2480367
7.00 – 20.00 Uhr
Sonntag geschlossen

Das Beste: *cremino* – ein *cornetto* mit Creme sowie *bomboloni al cioccolato*

Rivoire
Piazza della Signoria, Firenze
tel. 0039 055 214412, www.rivoire.it
tgl. 8.00 – 12.00 Uhr

Das Beste: *cioccolata in tazza* (dickflüssige heiße Schokolade) u. *Profiterol*

Piccoli Bar Pasticceria
Via Borgosanti, 118 r, Firenze
Tel. 0039 055 295086
Mo – Sa 6.45 – 20.00 Uhr

Das Beste: *torta di riso*

Torrefazione Piansa
Via Meucci,1 Bagno a Ripoli
Tel. 0039 055 645774
Mo – Sa 7.00 – 20.30 Uhr

Stadtadresse: Via Borgo Pinti, 18r
Tel. 0039 055 2342362
www.caffepiansa.com
Mo – Sa 7.00 – 20.00 Uhr

Das Beste: Kaffee und sehr leckere *cornetti integrali*!

PERSÖNLICHKEITEN

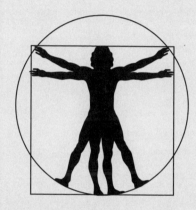

Leonardo da Vinci

Er wurde in Vinci als unehelicher Sohn geboren. Sein Vater hatte eine Affäre mit einem Bauernmädchen, und aus einem schlechten Gewissen heraus verpflichtete er einen anderen Mann, das Mädchen zu heiraten. Später beschloss sein Vater, den auffällig talentierten Sohn zu Andrea del Verrochio in die Lehre zu schicken. Schnell wurde er sein bester Schüler, doch Malen und Bildhauerei blieben nicht seine einzige Beschäftigung. Er war auch Mathematiker, Dichter, Botaniker, Designer von Maschinen, Bühnenbildner und Geologe, einfach der größte Hansdampf in allen Gassen, den man sich überhaupt vorstellen konnte. Sein Hauptthema war die ideale Proportion. Er sagte einmal sinngemäß: „Ein guter Maler malt den Menschen und die Vorstellung, die er davon im Kopf hat." Vielleicht liegt hier das Geheimnis seiner drei berühmtesten Frauenporträts. Leonardo wurde der Homosexualität beschuldigt, was auch als das florentinische Laster bezeichnet wurde. Danach zog er jedenfalls von zu Hause aus. Er sagte einmal: Der Akt des Beischlafes und die daran beteiligten Körperteile sind so entsetzlich. Gäbe es da nicht die Schönheit der Gesichter, wäre die Menschheit schon längst ausgestorben.

Lorenzo de Medici

Luciano De Crecenzano schieb einmal: „Von Reinkarnation halte ich nichts. Doch käme ich mal in die Lage entscheiden zu müssen, welche Persönlichkeit aus vergangener Zeit ich gerne gewesen wäre, würde ich nicht lange zögern. Meine Wahl fiele auf Lorenzo de Medici." Lorenzo war ein *networker* der Kunst, er brachte die besten Leute aus Kunst und Kultur in seinem Hause zusammen. Lieber machte er sein Haus zu einen Kreativpool, als sich auf politische Machtspielchen einzulassen. Die Entwicklung der Renaissance ist mit seinem Wirken verbunden. Er förderte Philosophen und Künstler wie Pico della Merandola, Leonardo da Vinci und Michelangelo. Lorenzo de Medici starb im Jahr 1492, als Christoph Columbus Amerika entdeckte. Der Legende nach an einem Wundertrank aus Perlen und Diamanten.

Filmtipp:

Zimmer mit Aussicht — von Helena Bonham Carter, Maggie Smith, Denholm Elliott und E.M. Forster, Regie: James Ivory (DVD — 2006). Ein Liebesfilm, der in Florenz spielt.

In der Gesellschaftskomödie geht es um den Gegensatz zwischen der viktorianischen Prüderie und der mediterranen Sinnlichkeit sowie dem Sieg der Leidenschaft, denn während einer Bildungsreise im Jahr 1907 in der Toskana wird die Engländerin Lucy in ein Liebesdrama verwickelt.

Buchtipp:

Toskana Forever. Ein Reiseleiter erzählt von Dario Castagno.
Goldmann Taschenbuch

Dario Castagno verbrachte die ersten zehn Jahre in England, bevor er mit seinen Eltern ins Chianti zog. Seine Leidenschaft für die Landschaft und die kulturellen Schätze der Toskana machte er schließlich zum Beruf. In dem Buch erzählt er die besten Anekdoten aus seiner Zeit als Reiseleiter. Seine Kunden sind hauptsächlich Amerikaner, denen er mit einer Engelsgeduld die Toskana nahebringt.

FAHRRADFAHREN IN FLORENZ

Auf manchen Strecken ist es nicht einfach, den vielen Fußgängern und parkenden Autos auszuweichen. Doch das Gefühl, ein wenig mehr Florentiner zu sein und schnell zwischen den Vierteln hin und her zu pendeln, ist herrlich. Die Fahrräder kann man günstig an der Piazza Sant'Ambrogio, direkt am Ausgang des großen Parkhauses, ausleihen. In das im Gebäude des Messagiero gelegene Parkhaus fährt man von der Viale della Giovine Italia. Dort kann man gut sein Auto stehen lassen.

Radtour nach Fiesole
Die Piazza Sant'Ambrogio ist ein guter Ausgangspunkt, um mit dem Rad nach Fiesole zu radeln. Es geht zwar streckenweise ordentlich bergauf, doch dafür fährt man an den herrlichsten Villen vorbei und hat eine schöne Sicht auf die Stadt. Fiesole und Settignano sind neben dem Viertel mit den Palästen um den Piazzale Michelangelo die feinsten Adressen zum Wohnen.

Man könnte eine Pause in der Fattoria di Maiano machen und auf der schönen Terrasse das Essen genießen. Die Fattoria hat sich einen Namen mit dem *Laudeamo*, einem der berühmtesten Olivenöle der Welt, gemacht und verkauft auch viele andere Spezialitäten.

Fattoria di Maiano
Via Benedetto da Maiano 11, Fiesole
Tel. 0039 055 599600
tgl. 12.00 – 15.00, 19.30 – 22.30 Uhr

AUSFLÜGE – EINE LANDSCHAFT DIE SÜCHTIG MACHT

Die Toskana ist eine der Landschaften in Europa, über die man am leichtesten ins Schwärmen gerät. Zurecht. Das Zusammenspiel der Zypressen, Weinberge, Olivenhaine und der auf sanften Hügeln gelegenen Höfe ist nirgendwo so hinreißend harmonisch. Die wechselnden Farben machen jede Jahreszeit zu einem besonderen Erlebnis. Am schönsten ist es nach einem Regenschauer, wenn alles gestochen scharf und frisch wirkt. Man sollte auch bei einem kürzeren Aufenthalt unbedingt ein Auto mieten und in die Landschaft eintauchen. Gerade in den kleinen Straßen warten beeindruckende Panoramen. Kaufen Sie sich eine gute Toskana-Karte, dann kann nichts mehr schiefgehen. Wandern und Radfahren sind noch viel schöner, bedürfen aber mehr Zeit und lohnen sich deshalb nicht unbedingt bei einem Kurztrip.

auf der einmalig schönen Terrasse des Delfina ausklingen. Bei einem perfekt gegrillten *Bistecca Fiorentina* (Rindersteak) kann man noch einmal in aller Ruhe den Blick auf die Villa und das Tal genießen. Das Delfina ist eines der berühmtesten Restaurants in der Toskana, deshalb unbedingt reservieren.

Da Delfina
Via della Chiesa, 1, Artimino – Firenze
Tel. 0039 055 8718074
Montag + Dienstag Mittag +
Sonntag Abend geschlossen
12.00 – 14.30 Uhr, 20.00 – 21.45 Uhr
www.dadelfina.it

Artimino – Poggio Caiano

In 20 Minuten kann man von Florenz über Poggio Caiano oder Lastra a Signa nach Artimino fahren. Ein lohnendes Ziel ist die Villa Medici, die um 1600 als Jagdschloss diente. Sie wurde von Bernado Buontalenti entworfen, der das erste richtige Speiseeis erfand. Die vielen Schornsteine sind ein auffällig verspielter Kontrast zu der ansonsten eher strengen Villa. Sie sollten auf dem Parkplatz des Restaurants Delfina parken und von da aus zu Fuß zur Villa gehen. Der von Zypressen gesäumte Weg auf dem Grat bietet zu beiden Seiten einen herrlichen Blick in die Täler. Lassen Sie den Ausflug mit einem Mittagessen

Mitten im Chianti

Greve ist das touristische Musterörtchen des nördlichen Chianti. Den schönen Platz umgeben hübsche Arkaden mit vielen Lädchen, die vom Wein über das Olivenholzbrett bis zur guten Salami von Faloni alles verkaufen, was der Toskana-Tourist sich wünscht. Doch biegen Sie am Ortsanfang die einzige Straße nach rechts in Richtung Montefioralle/Badia a Passignano ab, denn von Montefioralle aus hat man eine atemberaubenden Sicht über unendliche Hügelketten. Wenn man sich satt gesehen hat und noch einen schönen Ort zum Essen sucht, sollte man die Straße links nach Panzano abbiegen. In Panzano geht es dann im Ort weiter nach Volpaia. Vorsicht: Nicht alle Straßen sind asphaltiert. In Volpaia kann man auf der schönen Terrasse vom La Bottega essen. Gina ist eine begnadete Köchin, die die ländliche toskanische Küche auf den Punkt perfekt kocht. Die *ravioli* gefüllt mit Spinat, *ricotta* und einer Salbeibutter sind die besten der Toskana. Wer nicht zur Essenszeit kommt, kann in der gegenüber liegenden Bar Ucci ein paar Kleinigkeiten bekommen, auf italienisch eine *merenda*. Von Volpaia kann man schöne Spaziergänge unternehmen, zum Beispiel nach Lusignano. Einfach in der Bottega fragen, dort spricht man auch englisch.

Hotel, bei dem man nicht nur auf die Schönheit der toskanischen Landschaft setzte. Auch im Haus ist jedes kleine Detail mit Liebe und Geschmack ausgeführt. Die Wände sind handbedruckt, das Restaurant ist gemütlich und der Garten um den Pool verwunschen. Die Betreiber sind keine Neulinge, sie haben schon zwei Restaurants in Florenz, das Baldovino und das Beccofino. Beide sind sehr erfolgreich. Trotz des breiten Angebotes in der Toskana gibt es kein schöneres Hotel in dieser Preisklasse. Der ideale Ausgangspunkt für Ausflüge nach Panzano, Siena und Florenz. 40 Min. von Florenz und 7 Min. von Greve in Chianti, Doppelzimmer 170 Euro/290 Euro.

Greve – Panzano – Volpaia

La Bottega
Piazza della Torre, 2 Volpaia
Tel. 0039 0577 738001
Mittwoch geschlossen + Ferien von Februar bis Mitte März
12.00 – 14.30 Uhr, 19.00 – 21.30 Uhr
www.ristoranti.it/bottega

Hotel Villa Bordoni – Wohnen im Chianti
Die Villa Bordoni ist ein Kleinod. Sie ist nur mit dem Auto zu erreichen, doch der Weg lohnt sich. Einmal angekommen, muss man eigentlich nicht mehr weg. 2006 eröffnet, ist es das erste

Hotel Villa Bordoni
Via San Cresci, 31/32 località Mezzuola,
50022 Greve-in-Chianti (Firenze)
Tel. 0039 055 8840004
www.villabordoni.com

DO SOMETHING YOU HAVE NEVER DONE BEFORE

Mit Allradantrieb durch die Toskana

Checcos Welt sind die Hügelketten nördlich von Florenz. Er kennt die Region wie seine Westentasche, denn er ist auch leidenschaftlicher Mountainbiker. Eigene Wünsche sind willkommen, doch am besten lässt man sich ganz von Checco überraschen, so landet man sicher zum Mittagessen in einem Lokal, das zu den besten Geheimtipps der Region zählt. Um sich mit seinem Allrad-Jeep durch die herrliche Landschaft zu schaukeln, lässt man sich am besten im Hotel abholen.

Eine Tagestour für maximal 4 Personen kostet 250 Euro.

Francesco (Checco) Tassi
mobil: 0039 335 5240804
www.tuscany4x4.com
Sprache: Englisch

WO IST HEUTE FLOHMARKT?

Die Flohmärkte in Arezzo und Lucca sind sehr stimmungsvoll. Die Städte und Cafés sind voller Leben, die kleinen Gassen und Plätze der Altstadt prall gefüllt mit Ständen. Die Preise sind nicht gerade günstig, was auch an den vielen Touristen liegt. Doch die fetten Zeiten sind auch hier vorbei und einige Händler werden inzwischen realistischer. Arezzo und Lucca sind gut mit dem Zug von Florenz aus zu erreichen. Wer dennoch nicht aus der Stadt heraus möchte, kann in Florenz auf der Piazza Ciompi Trödel und Antiquitäten finden. Der permanente Markt findet dort täglich bis auf Sonntag statt. An jedem 4. Sonntag im Monat ist auch geöffnet.

Arezzo
Sa/So – 1. Wochenende im Monat in den Straßen der Innenstadt

Lucca
Sa/So – 3. Wochenende im Monat auf dem Domplatz und dem umliegenden Areal

OUTLET STORES

Ein Reiz, dem keiner widerstehen kann. Für viele Touristen ist es ein Höhepunkt ihrer Toskana-Reise die Outlet-Stores zu durchstöbern. Das klingt zunächst unglaublich, doch dazu muss man wissen, dass die beiden interessantesten Outlets Spazio und Mall nicht nur mit günstigen Preisen locken. Auch das Einkaufen ist dort ganz angenehm, da man sich fast unbehelligt von aufdringlichen Verkäuferinnen umschauen kann. Die Outlets stehen den Flagshipstores in der Stadt um nichts mehr nach. Auch ein hochmodernes Café mit anspruchsvollen Produkten gibt es, und keiner muss die Tüten noch lange durch die Stadt schleppen. Eigentlich schrecklich, doch so ist es nun mal. Die Frage, ob die Sachen extra für die Outletstores produziert werden, würde ich beim Prada-Outletstore Spazio mit ja beantworten. Die Mengen, die dort verkauft werden, können nicht übrig sein. Mit Modellen aus dem letzten Jahr werden Produktionslöcher zwischendurch gestopft. Bei der Mall findet man ohnehin nur Modelle aus dem vergangenen Jahr. Die Preise variieren zwischen den einzelnen Stores. Vergleichsweise günstig ist das Spazio der Prada-Gruppe, während Gucci und Pucci in der Mall eher recht teuer sind.

Gut zu wissen

Kommen Sie am besten in der Mittagspause, zwischen 13.00 und 15.00 Uhr. Kein Italiener kauft zu der Zeit ein. Vergleichsweise leer ist es auch während der Woche an den Vormittagen. Samstag und Sonntag, besonders an Regentagen, kann es dagegen sehr voll sein. Bei Prada muss eine Nummer gezogen werden. Man wartet, bis die Nummer auf dem Display erscheint, das dauert maximal 5–20 Minuten. Die Nummer behält jeder bei sich, um damit seine Vorauswahl an der Kasse hinterlegen zu lassen und dann unbepackt weiterstöbern zu können.

Spazio Outlet – Prada-Gruppe
I Pellettieri d'Italia – Prada
Località Levanella, Montevacchi Arezzo – strada SS.69
Tel. 0039 055 91911
Mo – Fr 10.00 – 19.00 Uhr
Sa 9.30 – 19.30 Uhr
So 14.00 – 19.30 Uhr

Produkte: Prada – Miu Miu – Prada Sport – Helmut Lang – Jil Sander

Wegbeschreibung

A1 Richtung Rom – Ausfahrt Valdarno – Landstraße nach Arezzo – hinter Montevacchi bei Levanella auf das kleine Schild links achten *I Pellettieri d'Italia* – schräg gegenüber ist eine Tankstelle.

THE MALL

Via Europa 8, Leccio/Regello
Tel. 0039 055 8657775
tgl. 10.00 – 19.00 Uhr

Produkte: Pucci – Yamamoto + Y3 – Tods – Hogan – Balenciaga – Alexander McQueen – Gucci – Giorgio Armani – La Perla – Sergio Rossi – Agnona – I Pinco Pallino – Ermenegildo Zegna – Marni – Burberry – Yves St. Laurent – La Bottega Veneta

Wegbeschreibung

A1 Richtung Rom – Ausfahrt Incisa – nach rechts die Landstraße nach Leccio/Florenz nehmen – an einem Kreisel links zur Mall abbiegen – groß ausgeschildert.

MEIN PERFEKTES WOCHENENDE

Freitag:

Samstag:

Sonntag:

NOTIZEN

NOTIZEN

NOTIZEN

NOTIZEN

NOTIZEN